Gair o Galondid

Hawlfraint
© Caryl Parry Jones
© Gwasg y Bwthyn, 2022
ISBN: 978-1-913996-61-1

Cedwir pob hawl.

Ni chaniateir atgynhyrchu unrhyw ran o'r cyhoeddiad hwn na'i gadw mewn system adferadwy, na'i drosglwyddo mewn unrhyw ddull, na thrwy unrhyw gyfrwng, electronig, electrostatig, tâp magnetig, mecanyddol, ffotogopïo, recordio, nac fel arall, heb ganiatâd ymlaen llaw gan y cyhoeddwyr.

Cyhoeddwyd gyda chymorth ariannol Cyngor Llyfrau Cymru

Dylunio: Olwen Fowler
Llun y clawr: Kristina Banholzer
Lluniau mewnol: Kristina Banholzer (6, 15, 23, 26, 28, 36, 40, 44, 53, 69, 81, 86, 103, 104, 109), Iestyn Hughes (3, 12, 20, 49, 61, 62, 64, 74, 78, 89, 96, 124, 128, 132), Richard Jones (4, 17, 92, 114, 119)

Cyhoeddwyd gan
Gwasg y Bwthyn,
36 Y Maes, Caernarfon
post@gwasgybwthyn.cymru
www.gwasgybwthyn.cymru

Gair o Galondid

CASGLIAD O GERDDI, CANEUON A DYFYNIADAU

I GODI CALON

golygwyd gan

CARYL PARRY JONES

I Jim a Morris sy wastad yn codi 'nghalon

Diolchiadau

Dwi mor ddiolchgar am fod wedi cael y cyfle i roi'r gyfrol 'ma at ei gilydd ac yn gwerthfawrogi'n arw bod Meinir a Marred o Wasg y Bwthyn wedi ymddiried yndda i i wneud y gwaith. Diolch, 'nethod.

    I bob un o'r cyfranwyr a'r gweisg Cymraeg, mae 'niolch i'n ddiffuant am adael i mi gynnwys eich gwaith godidog rhwng y cloriau yma.

    Diolch o waelod calon i Olwen, y dylunydd, ac i Richard Jones, Iestyn Hughes a Kristina Banholzer y ffotograffwyr am y delweddau bendigedig sy'n siŵr o godi ysbryd unrhyw un a dyrchafu'r cynnwys i dir uwch.

    Diolch bob amser i 'nheulu a ffrindiau am eich cefnogaeth, eich cwmnïaeth ac yn bennaf oll, eich cariad.

    Ac, wrth gwrs, diolch i chi'r darllenydd am brynu'r gyfrol gan obeithio y bydd hi o fewn cyrraedd bob tro y bydd angen codi'r galon.

Cynnwys

tudalen

7	Rhagair
12	Dedwyddwch
26	Cyfeillgarwch
36	Plant a theulu
64	Cariad
78	Y tymhorau
104	Hunan-werth a phositifrwydd
114	Fy nghymanfa bersonol
126	Deg gorchymyn CPJ
128	Gigls

Rhagair

'Dan ni'n codi, 'molchi, gwisgo, gwneud brecwast, gweithio, dychwelyd, swper, gwely dim ond i'w wneud o i gyd eto drannoeth. 'Dan ni'n ddigon hapus i wneud hynny, yn enwedig os ydan ni'n mwynhau'n gwaith boed o'n gadw tŷ, rhedeg ffarm, darlledu neu redeg cwmni enfawr. Ond yr un peth ydi o, ynde? Bob dydd. Ambell waith mae pethau'n codi sy'n atalnodi'r drefn hefo ebychnod anferth – tristwch, sioc, llawenydd, sypreis, y digwyddiadau mawr 'na yn ein bywydau sy'n gwneud i arferiad, fentra i ddweud undonedd, wneud synnwyr. Fyddai sioc ddim yn sioc petai'n digwydd bob dydd, na fysa?

Ond mae 'na bethau yn ein bywyd beunyddiol hefyd sydd o bosib yn dianc o'n sylw ni, pethau di-nod a fyddai, o edrych yn fanylach, yn codi gwên, yn ysgeintio ychydig o heulwen i'r mwrllwch, ychydig o sêr i'r duwch, y pethau sy'n gwneud i ni weld fod bywyd yn wyrth.

Gofynnwyd i mi'n garedig iawn gan Wasg y Bwthyn roi'r llyfr hwn at ei gilydd yn dilyn llwyddiant ardderchog *Gair o Gysur* gan Elin Angharad Davies, llyfr oedd yno i'w godi ar unrhyw adeg pan oedd hiraeth yn cydio neu pan nad oedd y wawr am dorri byth. Mae'n llawn cysuron, gobaith ac yn ysgwydd i ysgafnhau'r baich.

Yn y gyfrol hon mae eto ddyfyniadau, geiriau caneuon a cherddi (rhai wedi eu cyfansoddi gen i). Maen nhw wedi cael eu dewis yn ofalus i godi calon, i ddenu gwên, i dawelu meddwl, i roi hyder, i annog chwerthin ac ystyried, yn ogystal â chynnig eiliad o ddihangfa. Mae gen i hyd yn oed bennod o'r enw 'Fy Nghymanfa Bersonol' achos does dim yn gwneud mwy o les i'r enaid na chanu fflat owt mewn tafarn, bws, stadiwm neu gapel. 'Does dim un gân yn well nag emyn i foddhau'r awydd i'w morio hi a does dim amheuaeth nad at yr emyn y trown ni pan 'dan ni'n gorfoleddu a hynny mewn pedwar llais heb yr un nodyn o'n blaenau. Dwi wedi dewis detholiad bach o'r *big hitters* er mwyn clirio'r gwe pry cop o'n hysgyfeintiau ac o gelloedd ein hymennydd.

Mae wedi bod yn bleser ac yn antur aruthrol rhoi'r gyfrol hon at ei gilydd ac mae fy niolch i Meinir ac i Marred o Wasg y Bwthyn am ymddiried yndda' i i fynd ati i gynnig *Gair o Galondid* i chi gan obeithio y gwnewch chi fwynhau ei darllen a'i bod yn ddafn bach o heulwen yn eich diwrnod chi.

Diolch ffrindiau,

Caryl

Caryl Parry Jones

Codi calon

Ma'r hosan goch sydd yn y gloch 'di troi bob dim yn binc,
'Di'r printer ddim yn gweithio. Be sy' tro 'ma? Naaaaa! Dim inc!
Ma'r binbag wedi rhwygo, mae 'na jiws bin ar fy jîns
Sy' newydd gael eu golchi ar ôl crash 'fo tun bêc bîns.
Ma'r ci 'di taflu fyny ar y shagpile, a be' ddiawl
Sy'n tyfu yn y ffrij 'ma 'dwch? Penicillin ar ben cawl?
Ma'r boilar wedi torri, ma' ty nics 'di mynd rhy fach
Am 'mod inna yn rhy fawr achos bod byw yn strach.
Estynnaf am fy mhanad i gael saib o 'mywyd i,
A wa'th 'mi gael digestive . . . na dau . . . ok 'ta, tri.
Ac yna dwi'n casáu fy hun am fethu cael contrôl
Dros bethau bychain dydd i ddydd.
Dwi'n da i bygyr ôl.

Ond yna clywaf nodau braf rhyw gân sy'n codi gwên,
Neu lais bach bach yn holi'n llon, 'Nain, pam w't ti'n hen?'
Neu chwerthin nes mod i yn sâl 'fo ffrind sy' jest yn dallt
Cyn rhannu tôst gwyn, trwchus neis yn blastar o fenyn hallt.
Weithiau, llyfr sy'n mynd â fi yn bell o 'Naear i . . .
Dillad gwely glân neu wên sy'n gweiddi 'Caru ti!'

Jest petha, petha bach, am ddim ynghanol byd anghyson
Sy'n dod i bawb bob hyn a hyn,
Sy'n dod i godi calon.

Dedwyddwch

Dydi amser 'dach chi'n mwynhau ei wastraffu
ddim yn wastraff amser.

Martha Troly Curtin

Mae'r doeth, gan wybod yn iawn fod pethau'n gallu
mynd o chwith – a gwybod bod hynny'n digwydd –
yn anarferol o effro i funudau o dawelwch a harddwch,
hyd yn oed rhai cyffredin (bore heulog, darn o dôst,
bath), y math o bethau mae'r rhai â chynlluniau llawer
uwch yn brysio heibio iddynt . . . Am eu bod nhw wedi
gweld pa mor anodd y gall pethau fod, maen nhw'n
gwybod yn union sut i dynnu gwerth o'r tawel a'r melys.

Y sbectol hud

Pan fydd yr haul yn cwato'r sêr i gyd,
A'r nos ar goll tu ôl i ddrws y dydd,
pan fydd y lleuad wen ym mhen draw'r byd,
a'r machlud fel y wawr ar orwel cudd;
neu pan fydd niwl yn gwisgo'r bryniau draw,
a phlu yr eira'n oeri brigau'r llwyn,
pan fydd y blodau trist yn crio'r glaw –
rho bâr o sbecs dychymyg am dy drwyn.

Ti'n gweld, mae gweld yn anodd ambell waith
a ninnau'n ddall i ryfeddodau'r byd,
am hyn, fy ffrind, cyn dechrau ar dy daith,
ym mhoced ôl dy jîns rho'r sbectol hud.
A gwisga hi, a mentra godi'r llen
I weld holl liwiau'r enfys sy'n dy ben.

Mererid Hopwood

Mae yna le

Mae yna le yr aethwn i
Pan fo bywyd yn anodd, weithie'n ormod i mi,
Mae yna le, mae 'na le,
Rhyw le yr aethwn i.

A hwn yw y lle
Y dychwelaf ryw ddydd
Fy hafan wastadol,
Fy nefoedd fach gudd,
A hwn, ddim bwys be', hwn yw'r lle
Sy'n byw'n fy nghalon i.

Rhydian Meilir

On'd ydi o'n od cymaint yn dewach ydi llyfr wedi ei ddarllen sawl gwaith? Fel petai rhywbeth wedi ei adael rhwng y tudalennau bob tro rwyt ti'n ei ddarllen. Teimladau, meddyliau, synau, arogleuon, a wedyn, pan wyt ti'n edrych ar y llyfr flynyddoedd yn ddiweddarach, rwyt ti'n canfod ti dy hunan yna hefyd, yr hunan ychydig yn fengach, ychydig yn wahanol, fel petai'r llyfr wedi dy ddiogelu fel blodyn wedi ei bresio, yn ddieithr ac eto'n gyfarwydd.

Dewch i ni werthfawrogi'r sawl sy'n ein gwneud ni'n hapus, nhw yw'r garddwyr annwyl sy'n gwneud i'n heneidiau ni flaguro.

Marcel Proust

•

Os yw hapusrwydd yn arogl, dwi'n ei 'nabod yn dda oblegid mae o wastad wedi bod yno'n gynnil yn ein cegin ni, ond yn y dyddiau hynny roedd o dros y tŷ i gyd.

Richard Llywelyn

Dere mewn

Dere mewn
Rho dy draed lan
A cau'r drws
Rhoia'r tân mlaen

Gweithiai bwyd
Os ti'n starfio
Bara ffres –
A menyn arno

Be 'dy'r ots
Gweda pam lai
I ni 'ma
Dim ond un waith
Dere Mewn

Carwyn Ellis

Yn aml iawn, mae hapusrwydd yn sleifio trwy ddrws doeddet ti ddim yn gwybod oedd yn agored.

John Barrymore

Paid â chrio achos bod o wedi dod i ben, gwena achos bod o wedi digwydd.

Dr Seuss

Sebona fi

O! Ma bywyd mor braf.

Blas y grawnwin yn gryf yn y gwin

A'r cwmni'n dda . . .

Yws Gwynedd

Mae'n well bod yn hollol wirion

nag yn hollol boring.

Marilyn Monroe

Y ffordd orau o godi dy galon

ydi trio codi calon rhywun arall.

Mark Twain

Cyfeillgarwch

Mae ffrind yn anrheg ti'n ei roi i ti dy hun.

Robert Louis Stevenson

Cyfaill

Mae fy ngobeithion yn rhan ohonot,

Mae fy nioddef a'm hofnau'n eiddot,

Yn d'oriau euraid, fy malchder erot,

Yn d'oriau isel, fy ngweddi drosot,

Mae'n well byd y man lle bot, – mae deunydd

Fy holl lawenydd, fy nghyfaill, ynot.

Dic Jones

Pan 'dan ni'n gofyn i ni'n hunain o ddifri' pa berson yn ein bywydau sy'n golygu fwya' i ni, 'dan ni'n aml yn gweld mai'r rheiny sydd wedi dewis rhannu'n poen a chyffwrdd ein clwyfau â chalon gynnes, dyner, ydyn nhw, yn hytrach na rhoi cyngor, atebion a ffyrdd o wella i ni.

Henri Nouwen

Dyddie da

Hei Ferch y Brynie!
Ma' 'meddwl yn crwydro atat ti o hyd,
Yn ôl i'r dyddie ger y glanne a'r creigie mud
A ni ein dau heb ofal yn y byd . . .

Hei fy mrawd a nghyfaill!
Rhyfedd o daith a ranson ni.
A gofi'r hafe hir pan ganon ni gyda'r wawr?
A mae'r cyfan mor agos, mor felys i mi yn awr.

On'd oedden nhw'n ddyddie da?
On'd oedden nhw'n ddyddie da?
On'd oedden nhw'n ddyddie da?
Dros ben.

Delwyn Siôn

Y ffrindiau ti'n eu galw am 4.00 y bore ydi'r rhai sy'n cyfri.

Marlene Dietrich

Dydi cyfeillgarwch ddim yn rhywbeth ti'n ei ddysgu yn yr ysgol. Ond os nad wyt ti wedi dysgu beth yw ystyr cyfeillgarwch, dwyt ti ddim wedi dysgu unrhyw beth.

Muhammad Ali

Ffrind go iawn ydi rhywun sydd yna i ti pan fydda'n well ganddo fo fod yn rhywle arall . . .

Len Wein

Bach o hwne

Ti werth y byd man
Ti'n edrych ar ôl ffrind,
Ar i fyny, byth i lawr
Lle bynnag wyt ti'n mynd
Ga i . . .

Bach a bach o hwne,
Bach a bach o hwne

Morgan Elwy

Merched yn toilets Clwb Ifor

Merched yn toilets Clwb Ifor
Ydi'r merched gorau'n y byd.
Isio pep talk neu menthyg lipstick?
Mae 'na rywun yma o hyd.

Teimlo'n dew? Ti'n edrych yn styning!
Teimlo'n osym? Ffycin reit!
Wedi blino? Tisio boost bach?
Dim drama, does na'm ffeit.

Ti'n gadael â phen yn uchel,
chewing gum a tampon sbâr,
cyn cyfarfod dwy awr wedyn
yn ecseityd wrth y bar.

Merched yn toilets Clwb Ifor
Ydi'r merched gorau o hyd,
A'r ffordd dwi'n cerdded o'r toilets
Ydi'r ffordd dwi am gerdded drwy'r byd.

Llio Elain Maddocks

Plant a Theulu

Mae teuluoedd yn llanast, yn draed moch, yn amherffaith. Y fan lle 'dan ni fwya' cariadus a gofalgar ydi'r fan 'dan ni'n brifo fwya', yn paffio galetaf ac yn gwneud ein camgymeriadau dyfnaf. Ac eto, 'dan ni'n ffynnu pan mae'n teulu ni'n ein dal yn ddiogel oddi mewn i ni ac o'n cwmpas ni. Mae o werth yr ymdrech, y torcalon a'r cweryla.

Julia Samuel

Betsan ac Iwan

Mae'r cariad sy gen i ata chi fel y môr – yn tynnu,
                                      yn gwthio, yn rhuo.
Mor drwm. Mor llawn. Mor gryf.
Weithia'n wyllt,
Weithia'n llonydd;
Ond wastad yna, yn fy llorio,
don ar ôl ton ar ôl ton ♥

Mari Løvgreen

Drwy dy lygid di

Dwi'm angen cerdded hyd dy lwybrau prydferth di
A i fyth i flino'n ôl dy draed,
Dwi'm angen symud i dy guriad bodlon di
Mae sŵn dy daro yn fy ngwaed.

Dim ond un ffordd sydd i weld y byd
Dim ond un ffordd sydd.

Drwy dy lygid di
Gai weld y byd drwy dy lygid perffaith di
Drwy dy lygid perffaith di?

Yws Gwynedd

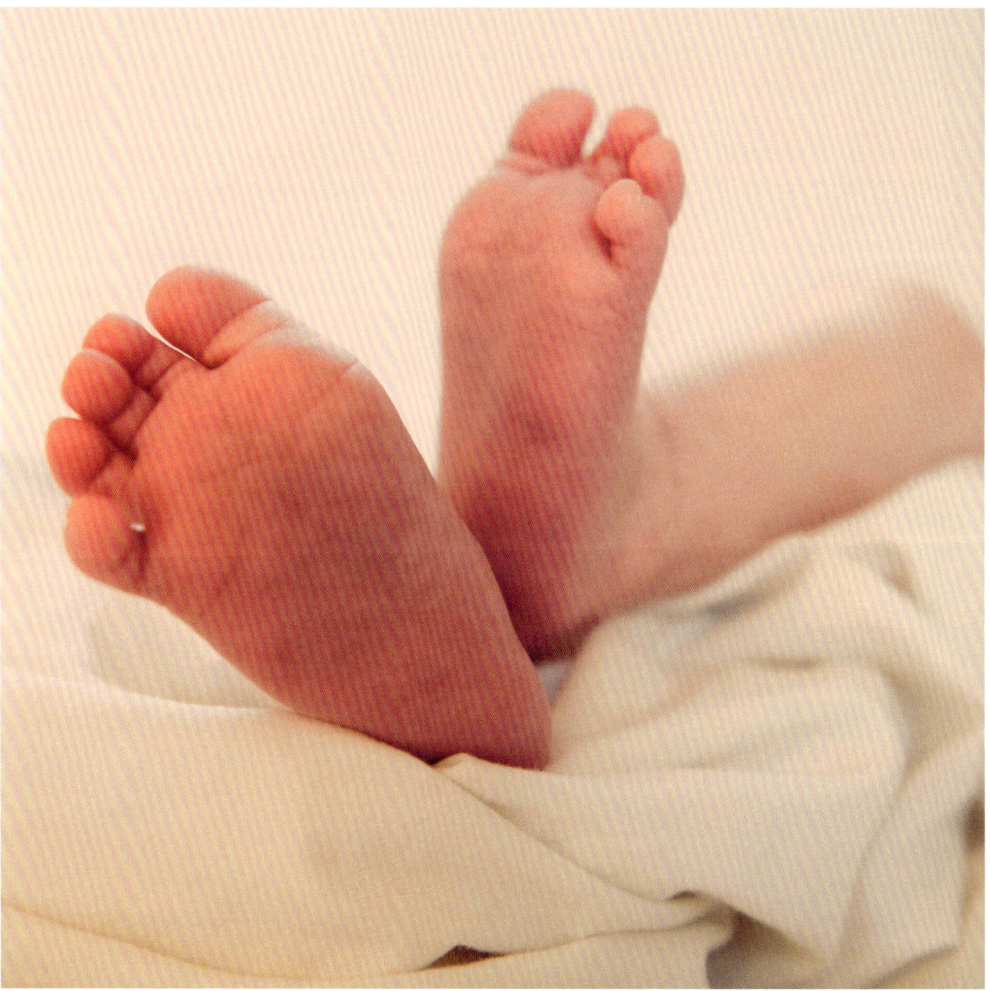

Ma wastad lot o freuddwydion gyda fi ond un freuddwyd sy wastad wedi bod da fi yw: ca'l pump o blant.

Ges i Wini Nel yn 33 mlwydd oed, gyda Rhys, sef y person fi'n caru mwya 'rioed, (a fi'n gobeithio neith e aros o gwmpas am sbel) a bydde ni'n hapus iawn yn cal 55 o'i blant e 'se amser 'da fi.

Ma bod yn fam yn bopeth oni wedi disgwyl ac wedyn mwy. Ma'r bond a'r cariad yn llorio fi'n ddyddiol a fi methu aros i dreulio gweddill fy oes yn dod i nabod hi.

Lisa Angharad

Wrth i'r babi cyntaf erioed chwerthin am y tro cyntaf erioed, mi dorrodd y chwerthiniad yn fil o ddarnau mân ac fe ddechreuon nhw sgipio'n hapus ym mhobman a dyna oedd dechrau'r tylwyth teg.

J.M. Barrie

Gwythiennau

Ei ddal fel pe bai'n ddeilen – a honno
      Yn crynu'n yr heulwen,
    Y geni ym mhob gwythïen
    Yn dresi byw dros ei ben.

Gwirioni o weld ei groen iach – a'i wyneb
      Ar lun ei ddwy linach,
    Gwirioni ar gyfrinach
    Ewinedd y bysedd bach.

Myrddin ap Dafydd

Pan dwi'n dweud, 'Dwi'n mynd i'r tŷ bach',
mae fy mhlant yn clywed 'Cyfarfod teuluol.
Pawb i ymgynnull yn y bathrwm RŴAN!'

•

Teulu. Lle mae eiliadau bach heddiw
yn troi'n atgofion gwerthfawr yfory.

•

Uchafbwynt fy mhlentyndod oedd
gwneud i 'mrawd chwerthin mor galed
nes bod bwyd yn dod allan o'i drwyn o!

Fy mab

Heno a'r nos yn cosi
sidan brau dy aeliau di,
i ba dir a thros ba don
ei di drwy'r oriau duon?

Aros wyf dan olau'r sêr
yn eos ac yn wiwer,
Un wyf â phob anifail
a ddaeth at wely o ddail
i warchod, yn bioden
yn walch, yn dylluan wen.
Un wyf â'r cadno hefyd,
heno, greddf sydd wrth dy grud.

Â dim ond fy ngofid i
yn cydio'n y plancedi,
gyda phob un llygoden
gyda'r frân a'r wylan wen
byddaf yma'n eu canol
hyd y nos nes ddoi di'n ôl.

Meirion MacIntyre Huws

Daf

Fe ddaethost ti yn dawel ganol haf
I gyd-feddiannu 'myd bach chwe blwydd oed,
Yn fabi bychan tawel, bodlon braf
I'r teulu hwn, i ddilyn ôl ei droed.
Fe fyddet ti yn sicrhau parhad
Canghennau diwylliedig derwen tras,
Yn deilio'n grefftwr nodau fel dy dad,
A gwreiddio cân dy fam a'th lais yn ias.
Ond gwelais o'r munudau cyntaf un
Bod rhywbeth yn dy anian dyner di
Yn ymbil am gael torri'th gŵys dy hun
A'th arwain ar hyd heol ddieithr i ni.
A dyna pam, wrth i mi droedio'm rhawd,
Mai ti yw f'arwr wastad. Ti. Fy mrawd.

Fi yw'r chwaer hynaf. Dwi angen sicrhau bod ganddi bopeth, hyd yn oed os oes gen i ddim byd. Mae'n anodd. Dwi'n caru hi gormod. Dyna be' sy'n cyfri.

Venus Williams

Chwaer

Hi'r haden, hi'r Fawrhydi – hi'r ôsym,

hi'r aser, hi'r babi,

hi'r mincs. Wir yr y mae hi

yn ddiawl . . . Dwi'n ei haddoli.

Pan o'n i'n fachgen pedair ar ddeg oed, roedd Dad mor anwybodus, do'n i methu diodde' cael yr hen ddyn yn agos ata' i. Ond pan gyrhaeddes i un ar hugain, ges i'n synnu faint oedd yr hen ddyn wedi'i ddysgu mewn saith mlynedd . . .

Mark Twain

Dechreuodd fy mywyd wrth ddeffro a charu wyneb fy mam.

George Eliot

Dilyn y sêr

Pan mae pob dydd yn troi yn un,
a phob bore'n teimlo fel bore Llun,
ei eiriau o sy'n gadarnhad,
'Dilyn y sêr,' meddai 'nhad.

Pan mae fy mhen yn troi a throi,
A'r byd yn cymryd, ond ddim yn rhoi,
yr un peth yw ei gân bob tro,
'Dilyn y sêr,' medda fo.

Pan mae fy 'nyfodol i fel pos,
pan fydda i'n effro drwy y nos,
dyma mae'n ei ddweud wrtha i,
'Dilyn y sêr, cofia di.'

A phan mae breuddwyd yn teimlo'n rhy fawr,
a minnau am aros a 'nhraed ar y llawr,
mae Dad yn dal i ganu'n bêr,
'Cofia di ddilyn y sêr.'

Llio Elain Maddocks

Cariad

Hi'r fynwes gynnes i gyd
a Mai bob mis o 'mywyd,
hi siarad lawn cysuron,
hi wawr liw, ac ar y lôn
hi ddal llaw pob taith lawen
yn dynn iawn . . . cyn mynd yn hen.

Mae Mai yn dawel mwyach
hyd lôn hir y feidir fach,
ond yma â'i gwên daw i'n gŵydd,
dod i dorri distawrwydd
yn awr gan rannu'r stori:
y mae mam efo mi.

Tudur Dylan Jones

I blentyn, dyw'r tad-cu perffaith
byth yn ofni cŵn mawr na stormydd
geirwon ond mae'n dychryn am ei
fywyd pan mae'n clywed y gair 'Bw!'

Nicholas Brault

Lleuad lawn

Yn y lleuad dwi'n gweld dy wyneb di,
Blynyddoedd mawr dy fywyd rhyngom ni,
A minne'n un mor ifanc yn meddwl fy mod i'n ddyn,
Gen i gymaint nawr i ddweud
A chyment i ddad-wneud,
Pe cawn i'r amser nôl fe wnawn fy ngore,
Yma ar y lan cawn siarad tan ddaw'r bore . . .

Yn y lleuad dwi'n gweld dy wyneb di,
Dy lais yn atsain gwacter yn y tŷ,
Ac yn dy orie mudan
Yn nawr dwi'n gweld dy rym,
Dwi'n gwenu'n braf wrth weld
Ac yn gwenu'n braf wrth ddweud
Dy fod ti'n gwneud fy orie blin yn orie gole,
Yma ar y lan cawn siarad tan ddaw'r bore.

Lleuad lawn ar y gored,
Llewyrch tan ddaw'r bore,
Fel swllt yn dwym mewn poced
Rwyt ti'n llosgi'r llun,
Mae dy gofio yn llosgi 'nghalon i,
Tadcu.

Huw Chiswell

All'swn i wneud yn waeth na throi mewn i fy nain fy hun, neu unrhyw un o'r merched cryfion a'n magodd ni. Nhw esgorodd ar ein cryfderau ni: 'dan ni'n adeiladu ar eu treftadaeth ac yn trawsnewid eu gwydnwch a'u medrusrwydd yn eiddo i ni.

Regina Barreca

Llanw a thrai

Rhyfedd cyffwrdd y bwrdd bach
Fel y mae yn foel mwyach.
Pan daenai Nain liain les
Taenai Nain fel brenhines;
Ei hulio i chwarelwr,
Ei hulio'n galon i'w gŵr.

Ac wrth y bwrdd, cwpwrdd cau
Oes euraid eu trysorau.
Agorwn glawr ar geriach
Stori dau, yn bethau bach
Bob-dydd byw-a-bod eu hoes.
Yn y manion mae einioes.

Ieuan Wyn

Cariad

Rwyt ti'n anhygoel, mae 'na bobl yn

dy garu di a rwyt ti'n ddigon.

Gorwedd gyda'i nerth

Mae 'na ddiwrnod arall wedi darfod
Minnau eto'n methu'n lân â gwybod
Pam yn y byd ein bod ni gyd yma nawr
Be di'r rheswm, be sy'n mynd i newid?
Dim ond duwiau a'r gwallgo sydd yn symud
Môr a mynyddoedd mawr.

Ond fe ddaw o rywle pell
Ryw deimlad yn ôl:
Teimlad sy' mor wir a chry'
Ac yna daw'r gallu nôl

I wybod ei werth
Nabod ei gryfder, gorwedd gyda'i nerth,
Gweld ei olau yn glir,
Cyffwrdd â grym yr hyn sy'n gariad pur.

Pan fydd grym cariad yn gorchfygu cariad at rym,

bydd y byd yn adnabod heddwch.

Jimi Hendrix

Câr dy gymydog fel ti dy hun

Mathew 22: 39

Canwn nerth ein henaid fry

Canwn ag angerdd yn ein cri

Canwn, bloeddiwn yn un côr

Ac estyn dwylo dros y môr.

Huw Chiswell

Plentyn y ddaear

Daw dydd y bydd mawr y rhai bychain,

Daw dydd ni bydd mwy y rhai mawr,

Daw'r bore ni wêl ond brawdoliaeth

Yn casglu teuluoedd y llawr.

Waldo Williams

Ma 'na rai sy'n dda am fod mewn cariad a rhai sy'n dda am ddeall cariad. Y rhamant ydi bod mewn cariad – secs drwy'r amser, yr hwyl, sgyrsiau hir heb seibiant, methu diodde bod ar wahân . . . ochr orau'r ddau. Ond mae cariad yn dechrau pan mae'r cyffro'n dechrau pylu: gofalon bywyd yn cynyddu, y teimlad 'na yn y stumog yn diflannu, rhyw yn dod yn ddyletswydd, y dagrau, y dadlau . . . ochr waetha'r ddau. Ond os wyt ti dal am i'r person 'na fod wrth dy ochr trwy hynny i gyd – dyna pryd ti'n gwbod bo' ti'n dda am ddeall cariad.

Kailey Pead

Ffotograff

Fe'm twyllwyd
gan yr haul
fod hyn am byth . . .

Daliwyd y gwrid
ar ein bochau,
y môr yn gorweddian,
petalau'n boeth ar fysedd
a hen wenyn yn stond gan haf.

Af yn ôl
a gweld yr un gwenyn
yn brysur â'u persawr,
yr un blodau'n chwilio am awel,
yr un môr yn troi yn ei unfan . . .

. . . a'r un haul
yn ein melynu.

Mari George

Ac wedyn, dywedodd fy enaid, 'O, dyna lle wyt ti. Dwi 'di bod yn chwilio amdanat ti.'

●

Yr amser tyner wyt ti

Yr amser tyner wyt ti,
munudau mân i oedi,
ti yw yr oriau tawel,
di-ddweud, a thi, doed a ddêl
yw'r hud a lle caredig,
y darn dwfn heb droeon dig.

Mererid Hopwood

Angor

Weithiau pan mae'r gwynt yn chwythu mewn o'r môr,
Weithiau pan mae'r tonnau yn torri wrth fy nôr
Dyna pryd dwi d'angen di.

Weithiau pan mae'r glaw yn curo ar fy nho,
Weithiau pan mae'r felan yn fy ngyrru i o 'ngho,
Dyna pryd dwi d'angen di.

Ti yw'r graig sy' dan fy nhraed
Ti yw'r hafan, fy hafan i.
Ti yw'r llyw a'th gwrs mor driw,
Ti yw'r angor, fy angor i . . .

Tudur Huws Jones

Y mae cariad yn hir ymaros, yn gymwynasgar; cariad nid yw yn cenfigennu; nid yw cariad yn ymffrostio, nid yw yn ymchwyddo . . . Y mae yn dioddef pob dim, yn ymaros â phob dim . . . Yr awr hon y mae aros ffydd, gobaith, cariad, y tri hyn, a'r mwyaf o'r rhai hyn yw cariad.

*Rhan o lythyr Paul
at y Corinthiaid 1:13*

Y Tymhorau

GWANWYN

Moliannwn

Nawr lanciau, rhoddwn glod,
Y mae'r gwanwyn wedi dod,
Y gaeaf a'r oerni aeth heibio.
Daw y coed i wisgo'u dail,
A mwyniant mwyn yr haul
A'r ŵyn ar y dolydd i brancio.

Cytgan:
Moliannwn oll yn llon,
Mae amser gwell i ddyfod, Haleliwia
Ac ar ôl y tywydd drwg,
Fe wnawn arian fel y mwg
Mae arwyddion dymunol o'n blaenau.

Y gwanwyn yw fy hoff dymor. Wedi gaeaf hir, llwm, gwlyb ac oer, yn wyrthiol o sydyn, mae popeth yn deffro. Cân yr adar, y blodau amryliw a dail gwyrdd ffres yn blaguro ar y coed.

Iolo Williams

Mae'n wanwyn eto. Mae'r ddaear fel plentyn yn adrodd cerddi o'r frest.

Rainer Maria Rilker

Mawrth 2000

Bore o wanwyn bregus
a direidi plant yn dychryn y brain,
eu lleisiau yn toddi'r llwydrew
a'u gemau'n gwasgu gwres
o'r graig.

Nodau yn cosi'r llwyni,
cysgod cân yn cyniwair ym môn clawdd.
Sibrwd, a'r blodau'n stwyrian,
geiriau fel gwawn
yn goleuo gardd i gyd.

Yna, o'r dryslwyn yn un twr,
tywalltant
a gwthiant y bychan i'r blaen.

Yli, Mam,
ac mae'r dail yn dawel
a phob perth yn glustiau i gyd.

Yli,
a chyflwyna ei aberthged fach i'r byd.
Garddwr â gwên ei gyndeidiau
yn goron o gennin Pedr.

Yli, Mam
mae darn o'r haul
'di tyfu yn tŷ ni . . .

Ac mae ffanffer yn fy nghlustiau,
utgyrn yn fy myddaru;
rwy'n boddi mewn petalau blodau
holl liwiau'r enfys.

Mae yfory yn fy mreichiau,
a gallaswn ddawnsio
yn droednoeth
drwy'r danadl.

Sian Owen

Ar waetha'r rhagolygon, byw
dy fywyd fel be bai'n wanwyn.

Lily Pulitzer

Hau'r hedyn cyntaf bob blwyddyn yw'r sbardun sy'n deffro pob egni a chyffro wrth i'r eginblanhigion cyntaf gyfarch y trei o gompost ar ffenestr heulog mis Mawrth!

Mae modrwyon aur blodau dant y llew yn atseinio â chanu grwndi y gwenyn yn peillio wrth i ddail newydd gwyrddach na gwyrdd amneidio rhwng brigau'r ysgawen a'r dderwen. Mae'r ddraenen ddu yn fwclis o berlau gwyn llawn adar bach i gyd yn unfrydol eu cân yn datgan bod y gwanwyn ar ddod.

Nid antur annisgwyl nac anghyfarwydd yw'r gwanwyn, mae'i obaith a'i gyffro yn got o baent newydd ar ffens ffyddlon sy'n gwahodd bywyd newydd llawn ysbryd ac ystyr.

Adam Jones

HAF

Tywydd hufen iâ

Dychmygwch brynhawn perffaith yn yr haf
O dan yr awyr las
Mae'n hyfryd ym mhob man a heulog
A phawb yn aros mas.

Lleisiau plant hapus a gwylanod
Yw cyfeiliant y daith
A'r tonnau yn torri wrth gyrraedd
Tywod aur y traeth.

Diod yn eich llaw, a'r haul yn mynd i lawr
Does na'm llawer gwell na hyn
A dyma'r ffordd orau i orffen
Dydd delfrydol, fy ffrind.

Yr hyn sy'n gwneud y byd i droi
A'n gwneud ni i deimlo'n dda
Sdim byd yn well ar ddiwrnod ffein
Mewn tywydd hufen iâ.

Carwyn Ellis

Tybed sut beth fyddai byw mewn byd
lle mae hi'n Fehefin o hyd?

L.M. Montgomery

•

Yn yr haf, mae'r gân yn canu hi ei hun.

William Carlos Williams

•

Yn yr haf

O! Mae hi'n braf,
Braf yn yr Haf
Draw, draw ym Meirion
A'r gwylanod gwirion ar y glennydd glas.
Iâr fach yr Haf
Yn dawnsio yn y tes,
Aur yn yr ŷd,
Y byd aeth i'r ffair
Yn yr Haf.

Awyr las,
Blas mwy i'r Haf,
Blas mwyar duon
A'r mieri'n drwm dan lwyth y ffrwythau glas.

Owain Sion yn stemian
A William ei frawd,
Braf yw'r haul i bryfed
Ond ma'n boeth i redeg ffarm
Yn yr Haf.

O! Mae hi'n braf yn yr Haf
'Na beth braf ydi'r Haf,
Lawr yn Nyffryn Ardudwy
On'd ydi hi'n braf
Yn yr Haf?

Endaf Emlyn

HYDREF

Mae hi'n bwrw dail crin ar fy mhen i.
Ac o dan fy nhraed mae'r ddaear feddal yn
dechrau ildio ei harogl priddlyd, myglyd, yn mwytho
fy ffroenau fel hen faneg gynnes . . . Penliniaf o dan
fwa'r canghennau. Gollyngaf yr haf, fesul tamaid,
fel gweddi, tra bo'r dail crin yn glawio ar fy
mhen i, yn fendith ruddgoch.

Annes Glynn

•

Diwrnod cynta'r Hydref! Adeg y boreau siocled poeth
a'r hwyrnosau marshmalos wedi'u tostio ac yn
well na dim, adeg neidio mewn i'r dail!

Winnie The Pooh

Jim a mi a mwyar

Mae'r haf yn mynd i'w wely
A'r hydre'n agosáu,
Clyw biwt, mae'r perthi'n galw
I'n gwahodd ni ein dau
I hel y tlysau porffor
Sy'n harddu breichiau'r drain,
Ty'd, awn ni i hel y mwyar
Jest ni – ia, ti a Nain.

Ma'r dwylo bach 'na'n goch a phiws
A'r bochau balch yn llawn
O berlau duon natur,
O drysor ein prynhawn.
A'r eirfa ddoniol ddwyflwydd
Yn gwenu'r cyffro llon
Wrth ddatgan dy ryfeddod
I'w weithred syml hon.

A flwyddyn ar ôl blwyddyn
Yng nghloddiau trwm y ddôl
Cei brofi'r un rhyfeddod
Pan ddaw y ffrwythau'n ôl.
Pan dyfi'n ddyn, mi gei di, biwt,
Eu hel â'th blentyn di,
A phrofi'r cariad ga'th dy nain,
Yn ein pnawniau mwyar ni.

GAEAF

Lliw'r gwanwyn yw'r blodau.
Lliw'r gaeaf yw'n dychymyg.

Terri Guillemets

Eira mawr

O'i stŵr berw, mor ddistaw'r byd! – a'i lonydd
    Gerfluniau dros ennyd;
  Iasoer gynfas, awr gwynfyd,
  O! 'na fai'n aeaf o hyd.

Tydfor

Ganol gaeaf noethlwm

Cwynai'r rhewynt oer,

Ffridd a ffrwd mewn cloeon

Llonydd dan y lloer.

Eira'n drwm o drum i dref,

Eira ar lwyn a dôl.

Ganol gaeaf noethlwm

Oes bell yn ôl.

Christina Rossetti

Nadolig

Mae'n flanced gynnes o gysur i mi, llawn atgofion melys o fy mhlentyndod yn disgwyl ymweliad Siôn Corn. Mae hefyd yn dod ag atgofion hyfryd o dreulio amser efo aelodau'r teulu sydd wedi'n gadael ni ac mae'n gyfle i greu atgofion o'r newydd. O'r goleuadau i'r ffilmiau i'r gerddoriaeth i'r sioeau i'r gwasanaethau, does na'm byd gwell! Mae'n dod â phobol ynghyd ac yn codi calon. Dyma'r gwyliau pwysicaf i mi o'r flwyddyn gyfan! Ac os basa Siôn Corn yn galw eisiau help llaw, fi fydda'r cyntaf i drio am y swydd!

Elin Fflur

Nadolig slawer dydd

Yr un dydd a fu'n hir yn dod – y llofft

Yn llwyth o ddarganfod,

Unnos undydd o syndod,

Y tŷ'n bert, a Santa'n bod.

John Gwilym Jones

I werthfawrogi harddwch pluen eira

mae'n rhaid sefyll yn yr oerfel.

Aristotlys

Mae caredigrwydd fel yr eira – mae'n

harddu popeth mae'n ei gyffwrdd.

Kahil Gibran

Noswyl

Heno mae fy hanes yn dy lygaid di
Yno'r un rhyfeddod, yno'r gred mor gry',
Oriau'r methu aros ddaw o oes a fu,
Daw dy ffydd fy mhlentyn heno i 'nghynnal i.

Geiriau mwyn dy garol yma yn fy nghôl
Nodau'th ddymuniade ddaw â ddoe yn ôl,
Gafael mewn atgofion ddaw i'n huno ni,
Dilyn dy Nadolig . . . fe'th ddilynaf di.

Mae'r munudau yma'n werth y byd yn grwn,
Cofia'r holl noswyliau. Cofia'r cyffro hwn.
Dilyn di dy seren, dilyn hi o hyd
Ac fe'th ddilynaf dithau o nawr hyd ddiwedd byd.

Hunan-werth a Phositifrwydd

'Paid â gadael i bobl neu gymdeithas na'th syniad
di ohonot ti dy hun dy atal di rhag byw y bywyd hwn
a mwynhau popeth sydd ganddo fo i'w gynnig.'

Ru Paul

Mae bywyd yn rhy fyr i wastraffu dy amser ar bobl
sydd ddim yn dy werthfawrogi, dy barchu nac yn
cydnabod dy werth. Treulia dy fywyd gyda'r bobl
sy'n gwneud i ti wenu a chwerthin, sy'n gwneud
i ti deimlo dy fod ti'n cael dy garu.

Roy T. Bennett

'Sa neb fel ti

Byd o lunie, byd o ddelwedde
Celwydd noeth rheole cudd,
Sgrin yn sgrechian 'Cydymffurfia!
Dyma'r drefn i ti am byth'.

Ond ma gen ti lais i weiddi,
Enaid i dy symud mlaen
A ti'n ddewr
A ti'n gry
A sa neb
Yn y byd fel ti.

Paid â gwrando arnyn nhw
D'i nhw'm yn gwbod sut i neud dy fyd di droi,
Dal dy ben yn uchel
A dangosa i bawb fod gen ti gymaint mwy i'w roi,
Tro dy wyneb at yr haul
Cymer bopeth sydd ar gael
I ti.

Y filltir sgwâr

. . . os gall eog
Hollti'r cerrynt
ac os daw adar
adre
yn erbyn y gwynt . . .

. . . yna rhaid i finne ddod yn ôl
a gweld y gwres
yn y gweiriach hir.

Mari George

Po hiraf y mae dyn yn myfyrio meddyliau da,

y gorau fydd ei fywyd ef a'r byd yn gyflawn.

Confucius

Ble Mae'r Majic?

(o fewn perthynas neu wrth i chi gymharu'ch bywyd chi gyda'r bywydau 'perffaith' ar Instagram.)

> Wel, 'di *magicians* byth yn dangos popeth, mae lot o gyrtans a bocsys a menyg a rhyw folycs yn *involved* efo magic, yn does? Fel hyn dwi'n ei gweld hi:
>
> 1. Dwi'n casáu magic, mae'n edrych yn stiwpid.
>
> 2. Mae'n edrych yn stiwpid achos dan ni i gyd yn gwybod eu bod nhw'n deud celwydd ac yn meddwl ein bod NI'N stiwpid.
>
> 3. Magic go iawn ydi gallu neud pryd o fwyd allan o dun o tiwna, cornfflêcs a quinoa os ti'n gofyn i fi.
>
> *Non Parry*

Llewyrched felly eich goleuni gerbron dynion,
fel y gwelont eich gweithredoedd da chwi . . .

Mathew 5: 14-16

•

Paid byth â phlygu dy ben. Dal o'n uchel o hyd.
Edrycha i fyw llygad y byd.

Helen Keller

•

Fe ddaw dy olau'n ôl fel toriad gwawr drwy'r fagddu.
Bydd yn gyfaill i ti dy hun ac fe ddaw'r dydd
pan fyddi di'n dy garu.

Mirain Iwerydd

Gofid yng nghalon gŵr a bair iddi grymu:
ond gair da a'i llawenha hi.

Diarhebion 12:25

Sgin i ddiawl o ots sut y bydd hanes yn fy nghofio i –
fydda i ddim yma. Dwi angen gwneud i heddiw,
y foment hon, fod y foment fwya ffabiwlys erioed.

Ru Paul

. . . pa bethau bynnag oll a ewyllysioch eu gwneuthur o ddynion
i chwi, felly gwnewch chwithau iddynt hwy.

Mathew 7:12

Fy nghymanfa bersonol

Mae canu yn cynnig teimlad o ysgafnder gwirioneddol yn fy nghalon. Dwi'n canu pan dwi ar fy mhen fy hun, dwi'n teimlo'n anhygoel. Mae o'n rhyddid.

Andrea Bocelli

Mae'r gerddoriaeth yn llenwi stafell
Mae'r gerddoriaeth yn llenwi cae
Mae'r gerddoriaeth yn llenwi calon
Ac yn dod â ni ynghyd.

Huw Stephens

Dwi'n teimlo fwyaf hapus pan dwi'n canu neu'n creu, yn teimlo'n agos iawn at y 'fi go iawn', ac fel y fersiwn mwyaf pur ohona i. Pan dwi'n bod yn greadigol, mae o fel ryw ffurf o therapi neu fel dopamine, yn enwedig pan dwi'n c'al neud o efo pobl sy'n ffrindie ac o'r un feddylfryd â fi!

Mared Williams

Rwy'n canu fel cana'r aderyn,
Yn hapus yn ymyl y lli,
A dyna sy'n llonni fy nodyn,
Fod Iesu yn Geidwad i mi.

Cytgan:
Mae'r Iesu yn Geidwad i mi,
Mae'r Iesu yn Geidwad i mi.
Rwy'n canu, yn canu wrth feddwl,
fod Iesu yn Geidwad i mi.

Richard Williams

Calon lân

Nid wy'n gofyn bywyd moethus,

Aur y byd na'i berlau mân:

Gofyn wyf am galon hapus,

Calon onest, calon lân.

Cytgan:

Calon lân yn llawn daioni,

Tecach yw na'r lili dlos:

Dim ond calon lân all ganu,

Canu'r dydd a chanu'r nos.

Daniel James (Gwyrosydd)

I bob un sy'n ffyddlon

I bob un sydd ffyddlon
Dan Ei faner Ef
Mae gan Iesu goron
Fry yn nheyrnas nef
Lluoedd Duw a Satan
Sydd yn cwrdd yn awr:
Mae gan blant eu cyfran
Yn y rhyfel mawr.

I bob un sydd ffyddlon,
Dan Ei faner Ef,
Mae gan Iesu goron
Fry yn nheyrnas nef.

cyf. Henry Lloyd [Ap Hefin]

Bendigedig fyddo'r Iesu

Bendigedig fyddo'r Iesu
Yr Hwn sydd yn ein caru
Ein galw o'r byd a'n prynu
Ac yn ei waed ein golchi
Yn eiddo iddo'i Hun.

Haleliwia, Haleliwia!
Moliant iddo byth, Amen.
Haleliwia, Haleliwia!
Moliant iddo byth, Amen.

J Spinther James (Spinther)

Côr Caersalem

O! ganu bendigedig
Fydd canu'r dydd a ddaw
Pan una'r holl gantorion
Yng nghôr y Wynfa draw
Bydd engyl y gogoniant
Mewn syndod oll i gyd
Pan dery'r côr undebol
Yr anthem fawr ei hyd.

O! ganu bendigedig
Heb ddiwedd byth i'r gân
Fydd canu teulu'r cadw
Yng nghôr Caersalem lân
Yng nghôr Caersalem lân
Heb ddiwedd byth i'r gân
Bydd canu bendigedig
Yng nghôr Caersalem lân.

O! ganu bendigedig . . .

David Evans (Aeronian)

Heb os nac oni bai, y wefr gyntaf ydi agor y sgôr i'r dudalen gyntaf. Ymbalfalu drwy'r golygfeydd gyda chrib mân gan liwio'r llinellau sy'n gysylltiedig â'r cymeriad newydd yma fydd yn cyd-fyw â mi am yr wythnosau i ddod. Ailadrodd y darnau nes fod y cyfan o'r diwedd ar gof.

Does dim teimlad gwell na chanu'r opera yn guddiedig yn y stafell gerdd am y tro cyntaf heb y sgôr.

Y teimlad anhygoel wedyn o redeg yn hyderus i'r ymarferion yn y tŷ opera a pherfformio o flaen y gerddorfa, y côr, y cantorion a'r arweinydd yn rhadlon braf.

Diolch i'r drefn mod i wedi cymryd yr amser i baratoi yn gydwybodol er mod i weithiau'n funud olaf, ac yn ofnus o'r hunllef o beidio bod yn drylwyr.

Mae'r dywediad yn hollol gywir, tydi.

'Excuse me sir, can you tell me how to get to Carnegie Hall?'

Yes sir, I can. Practice, practice, practice!

Bryn Terfel

Glân geriwbiaid a seraffiaid,
Fyrdd o gylch yr orsedd fry,
Mewn olynol seiniau dibaid,
Canant fawl eu Harglwydd cu:

'Llawn yw'r nefoedd o'th ogoniant,
Llawn yw'r ddaear, dir a môr;
Rhodder iti fythol foliant,
Sanctaidd, sanctaidd, sanctaidd Iôr!'

cyf. Owen Griffith Owen (Alafon)

Deg gorchymyn CPJ . . .
neu ddeg awgrym o leia'

1. Cer i'r ddwy stadiwm i gêm rygbi neu bêl-droed ryngwladol o leiaf unwaith i brofi nerth Hen Wlad fy Nhadau.

2. Ar y cyntaf o Ragfyr cymer lased o sieri a mins pei.

3. Cadwa gofnod o be mae'r plant yn ei ddweud pan maen nhw'n dechrau siarad – y geiriau bach 'na sy'n cael eu cam-ynganu ond sy'n dod yn rhan o iaith y teulu.

4. Gwna dy wely bob bore.

5. Dysga gân pump aderyn.

6. Ambell waith, ar ddiwrnod stormus, aros yn dy byjamas, gorwedd ar y soffa, gwylia dy hoff raglenni o dan dy hoff blanced DRWY'R DYDD.

7. Dysga dair rysáit ragorol.

8. Cefnoga grefftwyr annibynnol.

9. Saf yn y glaw, adeilada ddyn eira, teimla wres yr haul ar dy wyneb.

10. Pryna rywbeth sbesial unwaith y flwyddyn fel anrheg i ti dy hun ac i'r cenedlaethau sy'n dy ddilyn.

Gigls

Gwynt

Ambrose a gadd beth wmbredd – o nionod

Yng nghinio yr Orsedd;

Wele glec, ar ganol gwledd,

A honno'n ddi-gynghanedd!

Arwyn Roberts

Roedd 'na ddyn bach yn byw yn Hong Kong
Oedd yn hoff iawn o chware ping-pong,
Doedd ganddo fo'm bat
Na phêl, come to that,
Deud y gwir, o'dd o'n chware fo'n rong.

Geraint Løvgreen

Tatŵ

Ar ei fogel, Pwllheli – ar ei fraich
    Tref y Rhyl a weli,
  A jiawl, mae Llanfair P.G.
  I'w weled hyd ei wili.

Dafydd Emrys Williams

Pan oeddwn ar wyliau eleni,
Mi ges hyn o gerydd gan ieithgi:
  'Na roddwch arddodiad
  Ar ddiwedd gosodiad!'
Atebais mewn eiliad: 'Sai'n mynd i!'

Emyr Davies

Fe'i gwelais yn yr Herald
Ymhlith yr hys-bys mân:
'FEIRDD – YDYCH CHI'N CAEL TRAFFERTH
WRTH GEISIO SGWENNU CÂN?
YDI'R AWEN YN DIFLANNU
A CHITHAU AR GANOL CERDD?'
'Wel, ydi braidd', meddyliais,

Geraint Løvgreen

Cydnabyddiaethau a Nodiadau

Mae Gwasg y Bwthyn wedi gwneud pob ymdrech bosibl i sicrhau caniatâd y gweisg a'r awduron ar gyfer y cerddi a'r dyfyniadau sydd wedi eu cynnwys yn y gyfrol hon. Diolch yn fawr i bob gwasg, i Sain ac i'r awduron ynghyd â theuluoedd diweddar awduron am eu caniatâd caredig i gynnwys deunydd. Os daw gwybodaeth newydd i law am berchnogion hawliau sydd heb eu cydnabod, byddem yn falch iawn o'i derbyn er mwyn cywiro unrhyw argraffiad yn y dyfodol.

Mae'r gyfrol yn cynnwys nifer o benillion a dywediadau/gwirebau y mae eu hawduron yn anhysbys. Detholiad a geir o nifer o'r cerddi.

t.10 'Codi calon', Caryl Parry Jones.

Dedwyddwch

t.13 'Dydi amser 'dach chi'n mwynhau ei wastraffu …', Martha Troly Curtin.
t.13 'Mae'r doeth …' Daw'r dyfyniad o 'Wisdom', gwefan The School of Life.
t.14 'Y sbectol hud', Mererid Hopwood, *Nes Draw*, Gomer.
t.16 'Mae yna le', © Rhydian Meilir.
t.18 'Ond' ydi o'n od …' Anhysbys.
t.19 'Dewch i ni werthfawrogi …' Marcel Proust.
t.19 'Os yw hapusrwydd yn arogl …' Richard Llewelyn, *How Green was My Valley*, Michael Joseff.
t.21 'Dere mewn,' Carwyn Ellis, @Bucks Music.
t.22 'Yn aml iawn, mae hapusrwydd yn sleifio …' John Barrymore.
t.22 'Paid â chrio …' Dr Seuss. www.keepinspiringme.dr-seuss-quotes.
t.24 'Sebonfa fi', © Yws Gwynedd.
t.25 'Mae'n well bod yn hollol wirion …' Marilyn Monroe.
t.25 'Y ffordd orau o godi dy galon …' Mark Twain.

Cyfeillgarwch

t.27 'Mae ffrind yn anrheg …' Robert Louis Stevenson.
t.27 'Cyfaill', Dic Jones, *Sgubo'r Storws*, Gwasg Gomer.
t.29 'Pan 'dan ni'n gofyn i ni'n hunain o ddifri' …', Henri Nouwen, *You are the Beloved*, Convergant Books.
t.30 'Dyddie da', Delwyn Siôn, © Cyhoeddiadau Sain.
t.31 'Y ffrindiau ti'n eu galw …', Marlene Dietrich.
t.31 'Dydi cyfeillgarwch ddim yn rhywbeth

ti'n ei ddysgu yn yr ysgol …', Muhammad Ali.
t.32 'Ffrind go iawn …', Len Wein, AZ Quotes.
t.33 'Bach o hwne', © Morgan Elwy.
t.34 'Merched yn toilets Clwb Ifor', Llio Elain Maddocks.

Plant a theulu

t.37 'Mae teuluoedd yn llanast, yn draed moch, yn amherffaith …', Julia Samuel, *Every Family Has a Story*, Blackwells.
t.38 'Betsan ac Iwan', Mari Løvgreen.
t.39 'Drwy dy lygid di', © Yws Gwynedd.
t.41 'Ma wastad lot o freuddwydion gyda fi …', Lisa Angharad.
t.42 'Wrth i'r babi cyntaf erioed chwerthin am y tro cyntaf …', J.M. Barrie, *Peter Pan and Wendy,* Hodder and Stoughton.
t.43 'Gwythiennau', Myrddin ap Dafydd, *Cadw Gŵyl,* Gwasg Carreg Gwalch.
t.45 'Pan dwi'n deud …' Daw y dyfyniad o wefan @littleteeth.
t.45 'Teulu. Lle mae eiliadau bach heddiw …' Daw y dyfyniad o wefan fabulesslyfrugal.com.
t.45 'Uchafbwynt fy mhlentyndod oedd …' Daw y dyfyniad o wefan quoteambition.com.
t.46 'Fy mab', Meirion MacIntyre Huws, *Y Llong Wen*, Gwasg Carreg Gwalch.
t.48 'Daf', Caryl Parry Jones. Dewisodd fy mrawd bach, Dafydd Rhys, yrfa gwbwl wahanol i bawb arall yn y teulu. Gadawodd yr ysgol yn un ar bymtheg oed i fod yn beiriannydd gyda'r Bwrdd Nwy ac yno bu nes ei ymddeoliad eleni. Mae'n ddyn annwyl, didwyll, dirodres ac yn groes i'w fam, ei dad a'i chwaer, dydi o byth yn disgwyl cymeradwyaeth. Mae fy mharch ato'n oesol.
t.50 'Fi yw'r chwaer hynaf …', Venus Williams.
t.51 'Chwaer', Caryl Parry Jones.
t.52 'Pan o'n i'n fachgen pedair ar ddeg oed …', Mark Twain.
t.52 'Dechreuodd fy mywyd …', George Eliot.
t.54 'Dilyn y sêr', Llio Elain Maddocks.
t.56 'Cariad', Tudur Dylan Jones, *Am yn Ail*, Cyhoeddiadau Barddas.
t.57 'I blentyn, dyw'r tad-cu perffaith …', Nicholas Brault. Daw y dyfyniad o wefan Parade.
t.58 'Lleuad lawn', Huw Chiswell, © Cyhoeddiadau Sain.
t.60 'All'swn i wneud yn waeth na throi …', Regina Barreca. Daw y dyfyniad o wefan www.goodreads.com
t.63 'Llanw a thrai', Ieuan Wyn, *Llanw a thrai*, Gwasg Gwalia.

Cariad

t.65 'Rwyt ti'n anhygoel …', meddwl.org.
t.66 'Gorwedd gyda'i nerth', © Caryl Parry Jones.
t.67 'Pan fydd grym cariad …', Jimi Hendrix.

t.67 'Câr dy gymydog …', Y Beibl.
t.68 'Dwylo dros y môr', © Huw Chiswell.
t.70 'Plentyn y ddaear', Waldo Wiliams, *Dail Pren,* Gwasg Gomer.
t.71 'Mae 'na rai sy'n dda am fod mewn cariad …', Kailey Pead. Daw y dyfyniad o wefan @the.arty.witch.
t.72 'Ffotograff', Mari George, *Siarad Siafins*, Gwasg Carreg Gwalch.
t.75 'Ac wedyn dywedodd fy enaid …', Anhysbys
t.75 'Yr amser tyner wyt ti', Mererid Hopwood, *Nes Draw*, Gomer.
t.76 'Angor', Tudur Huws Jones, © Sain.
t.77 Y Beibl.

Y tymhorau

t.79 'Moliannwn', Benjamin Thomas.
t.80 'Y gwanwyn yw fy hoff dymor …', Iolo Williams.
t.80 'Mae'n wanwyn eto …', Rainer Maria Rilker.
t.82 'Mawrth 2000', *Darn o'r Haul*, Sian Owen, Cyhoeddiadau Barddas.
t.84 'Ar waetha'r rhagolygon …' Lily Pulitzer.
t.85 'Hau'r hedyn cyntaf …', Adam Jones, *Adam yn yr Ardd*.
t.87 'Tywydd hufen iâ', © Carwyn Ellis.
t.88 'Tybed sut beth …', L.M. Montgomery.
t.88 'Yn yr haf …', William Carlos Williams.
t.90 'Yn yr haf', Salem, © Endaf Emlyn.
t.93 'Mae'n bwrw dail crin …', Annes Glynn, *Symudliw,* Gwasg Gwynedd.
t.93 'Diwrnod cynta'r Hydref! …', *Winnie The Pooh*, A.A. Milne, Methuen.
t.94 'Jim a mi a mwyar', Caryl Parry Jones.
t.95 'Dawns y dail', T. Llew Jones, *Penillion y Plant,* Y Lolfa.
t.97 'Lliw'r gwanwyn yw'r blodau …', Terri Guillemets. Daw y dyfyniad o The Quote Garden.
t.97 'Eira mawr', Tydfor, *Blodeugerdd Barddas o Englynion Cyfoes* (gol.Tudur Dylan Jones).
t.98 'Ganol gaeaf noethlwm …', Christina Rossetti, *Caneuon Ffydd*, Pwyllgor y Llyfr Emynau Cydenwadol. Defnyddir y geiriau Cymraeg drwy ganiatâd Jon Meirion Jones.
t.99 'Nadolig', Elin Fflur.
t.100 'Nadolig slawer dydd', John Gwilym Jones, *Am yn Ail*, Cyhoeddiadau Barddas.
t.101 'I werthfawrogi harddwch pluen eira …', Aristotlys
t.101 'Mae caredigrwydd fel yr eira …', Kahil Gibran.
t.102 'Noswyl', Caryl Parry Jones.

Hunan-werth a phositifrwydd

t.105 'Paid â gadael i bobl neu gymdeithas …' Ru Paul, *Movie Line*.
t.105 'Mae bywyd yn rhy fyr …', Roy Bennett, *The Light in my Heart*, Roy Bennett.
t.106 'Sa neb fel ti', Caryl Parry Jones.

t.108 'Y filltir sgwâr', Mari George, *Siarad Siafins*, Gwasg Carreg Gwalch.
t.110 'Po hiraf y mae dyn yn myfyrio …', Confucius
t.111 'Blae mae'r Majic?', Non Parry, *Paid â Bod Ofn*, Y Lolfa.
t.112 Y Beibl.
t.112 'Paid byth â phlygu dy ben …', Helen Keller.
t.112 'Fe ddaw dy olau'n ôl…', Mirian Iwerydd.
t.113 Y Beibl.
t.113 'Sgin i ddiawl o ots sut y bydd hanes yn fy nghofio i …', Ru Paul. *Vice* Awst 25ain, 2016.
t.113 Y Beibl.

Fy Nghymanfa bersonol
t.115 'Mae canu yn cynnig teimlad o ysgafnder …', Andrea Bocelli
t.115 'Mae'r gerddoriaeth yn llenwi stafell …', Huw Stephens.
t.116 'Dwi'n teimlo fwyaf hapus pan dwi'n canu …', Mared Williams.
t.117 'Rwy'n canu fel cana'r aderyn …', Richard Williams. *Y Caniedydd Cynulleidfaol*, Undeb yr Annibynwyr Cymraeg.
t.118 'Calon lân', Daniel James (Gwyrosydd), *Caneuon Ffydd*.
t.120 'I bob un sy'n ffyddlon', Cyf. Henry Lloyd (Ap Hefin), *Y Caniedydd Cynulleidfaol Newydd*, Undeb yr Annibynwyr Cymraeg.
t.121 'Bendigedig fyddo'r Iesu …', J. Spinther James (Spinther), *Llyfr Emynau a Thonau, Y Methodistiaid Wesleaidd a Chalfinaidd, Atodiad,* Gwasg Pantycelyn.
t.122 'Côr Caersalem', David Evans (Aeronian), *Y Caniedydd Cynulleidfaol Newydd*, Undeb yr Annibynwyr Cymraeg.
t.124 'Heb os nac oni bai y wefr gyntaf ydi agor y sgôr i'r dudalen gyntaf …' Bryn Terfel.
t.125 'Glân geriwbiaid a seraffiaid', cyf. Owen Griffith Owen (Alafon), *Caneuon Ffydd*.

Gigls
t.129 'Gwynt', Arwyn Roberts, *Blodeugerdd Barddas o Englynion Cyfoes,* Gol. Tudur Dylan Jones.
t.130 'Roedd dyn bach yn byw yn Hong Kong', Geraint Løvgreen, *Holl Stwff Geraint Løvgreen,* Gwasg Carreg Gwalch.
t.130 'Tatŵ', Dafydd Emrys Williams, *Blodeugerdd Barddas o Englynion Cyfoes,* Gol. Tudur Dylan Jones.
t.131 'Pan oeddwn ar wyliau eleni', Emyr Davies.
t.131 'Fe'i gwelais yn yr Herald …', Geraint Løvgreen, *Holl Stwff Geraint Løvgreen,* Gwasg Carreg Gwalch.